WINGS OF FREEDC
The Story of the Berlin Airlitt

FLÜGEL DER FREIHEIT
Die Geschichte der Berliner Luftbrücke

BIBI LEBLANC

Culture to Color®

Published by

Culture to Color®, LLC

CS@CultureToColor.com

+1-386-228-5147

Cover Design & Interior by: Ginger Marks, DocUmeant Designs

Printed in the USA

First Edition

10 9 8 7 6 5 4 3 2

ISBN:

To order in bulk contact publisher at CultureToColor.com

For more information visit: **CultureToColor.com**

CONTENTS

CONTENTS

Dear Reader,

I grew up in the divided city of West Berlin during the 1960s and 1970s. I was always intrigued by the story of the Airlift —the story of my city being supplied by airplanes landing every three minutes, bringing food and coal to its people. A city isolated from the world by the Soviets and left to submit to communist rule or starve. Growing up during the Cold War in a city enclosed by a wall, I witnessed firsthand the lasting impact of the events that unfolded in the aftermath of World War II.

In a time when we are divided over many issues, I feel a strong desire to share the story of the Berlin Airlift because I feel we can learn so much from it. As this year marks its 75th anniversary, I decided to put pen to paper.

As I reflect on this pivotal chapter in world history, I aim to share this story of unity and resilience, a story of enemies becoming friends, a story that shows that, sometimes against all odds, every one of us can make a difference in shaping the world in which we live.

Without the efforts and contributions of the men and women of the 1948–1949 Berlin Airlift, the course of history would have taken a vastly different direction. In these pages, I wish to illustrate their extraordinary accomplishments!

Bibi LeBlanc

Liebe Leserin, lieber Leser!

Ich bin in den 1960er und 1970er Jahren in der geteilten Stadt West-Berlin aufgewachsen. Die Geschichte der Luftbrücke hat mich immer fasziniert: die Geschichte der Versorgung meiner Stadt allein durch Flugzeuge, die alle drei Minuten landeten, um die Menschen mit Lebensmitteln und Kohle zu versorgen. Eine Stadt, durch die Sowjets von der Welt isoliert und gezwungen, sich entweder der kommunistischen Herrschaft zu unterwerfen oder zu verhungern. Aufgewachsen im Kalten Krieg, in einer Stadt von einer Mauer eingeschlossen, erlebte ich aus erster Hand die nachhaltigen Auswirkungen der Ereignisse, die sich nach dem Zweiten Weltkrieg abspielten.

In einer Zeit, in der uns viele Themen trennen, verspüre ich den starken Wunsch, die Geschichte der Berliner Luftbrücke weiterzugeben, weil ich denke, wir können viel von ihr lernen! Da in diesem Jahr ihr 75-jähriges Jubiläum ist, habe ich beschlossen, zur Feder zu greifen und die Geschichte zu Papier zu bringen.

Wenn ich über dieses entscheidende Kapitel der Weltgeschichte nachdenke, möchte ich diese Geschichte von Einigkeit und Widerstandskraft weitergeben – eine Geschichte, in der aus Feinden Freunde wurden, eine Geschichte, die zeigt, dass jeder von uns, manchmal trotz aller Widrigkeiten, Veränderungen in der Gestaltung der Welt, in der wir leben, bewirken kann.

Ohne die Bemühungen und Beiträge der Männer und Frauen der Berliner Luftbrücke 1948 - 1949 hätte der Lauf der Geschichte eine ganz andere Richtung genommen. In diesen Seiten möchte ich ihre außergewöhnlichen Leistungen veranschaulichen!

Bibi LeBlanc

A COUNTRY DIVIDED

In 1945, at the end of World War II, the victorious Allied countries divided Germany into four zones of occupation. The USA, Great Britain, and France occupied the western zones and the Soviet Union (USSR) the eastern zone.

The Allies set up the Allied Control Commission (ACC) to manage the zones. Interzonal routes between the Western zones and Berlin for roads, railroads, and waterways were agreed upon, and military checkpoints were established.

EIN GETEILTES LAND

1945, am Ende des Zweiten Weltkrieges, teilten die siegreichen Alliierten Deutschland in vier Kontrollzonen auf. Die USA, Großbritannien und Frankreich besetzten die westlichen Zonen, die Sowjetunion (UdSSR) die östliche Zone.

Zur Verwaltung der Zonen richteten die Alliierten die „Allied Control Commission" (ACC) ein. Zwischen den westlichen Zonen und Berlin wurden interzonale Strecken für Straßen, Eisenbahnen und Wasserwege vereinbart und militärische Kontrollpunkte eingerichtet.

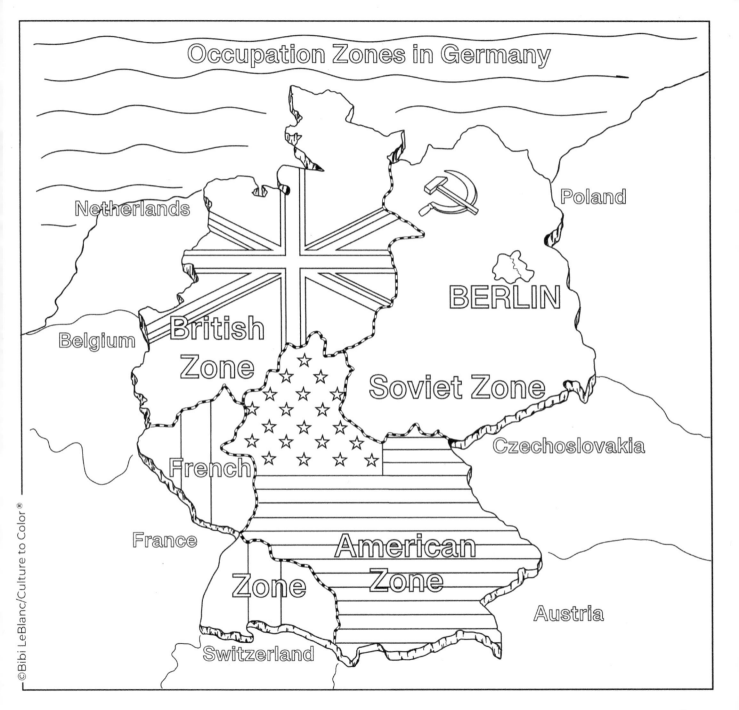

Occupation Zones in Germany

Netherlands

Belgium

British Zone

French Zone

France

Switzerland

BERLIN

Soviet Zone

Poland

Czechoslovakia

American Zone

Austria

©Bibi LeBlanc/Culture to Color®

3

A CITY DIVIDED

Berlin, Germany's capital, though 110 miles inside the Soviet zone, was also split into American, British, French, and Soviet sectors of occupation, with the Soviets occupying the eastern part of the city. People began to refer to the divided city as West Berlin and East Berlin.

In the fall of 1945, the ACC addressed aviation security in the Soviet occupation zone, resulting in a signed agreement for three restricted flight corridors from Hamburg, Bückeburg, and Frankfurt/Main to West Berlin. In contrast, access to the Western Allied sectors of Berlin by land and water was never formalized in writing.

However, the Soviets sought to dislodge the Western allies from the city and incorporate West Berlin into their occupation zone by using threats, propaganda, and confrontational tactics.

EINE GETEILTE STADT

Berlin, die Hauptstadt Deutschlands, lag zwar 160 km innerhalb der Sowjetzone, wurde aber ebenfalls in amerikanische, britische, französische und sowjetische Besatzungssektoren aufgeteilt, wobei die Sowjets den Ostteil der Stadt besetzten. Die Menschen begannen, die geteilte Stadt als West-Berlin und Ost-Berlin zu bezeichnen.

Im Herbst 1945 befasste sich die ACC mit der Flugsicherheit in der sowjetischen Besatzungs-zone und unterzeichnete ein Abkommen über drei Flugkorridore von Hamburg, Bückeburg und Frankfurt am Main nach West-Berlin. Im Gegensatz dazu wurde der Zugang zu den westlichen alliierten Sektoren Berlins auf dem Land- und Wasserweg nie schriftlich festgelegt.

Die Sowjets versuchten jedoch mit Drohungen, Propaganda und Konfrontationstaktiken, die west-lichen Alliierten aus der Stadt zu vertreiben und West-Berlin in ihre Besatzungszone einzugliedern.

BERLIN

French sector

British sector

Soviet sector

American sector

East Germany

RUBBLE WOMEN

At the end of World War II, Germany was utterly devastated, and the situation in Berlin was dire. In 1948, three years later, the 2.5 million Berliners were still experiencing the pains of hunger and cold, struggling to find food and shelter amid the ruins of the war-ravaged city.

With shovels and brooms, women took to the streets to salvage and clean bricks from the ruins for the reconstruction of the country. 'Trümmerfrauen' (Rubble Women) played a crucial role in clearing the bombed cities of Germany in the aftermath of the war. Their determination and strength became symbols of hope and resilience during this tumultuous time.

„TRÜMMERFRAUEN"

Am Ende des Zweiten Weltkrieges war Deutschland fast völlig zerstört, und die Lage in Berlin war verzweifelt. 1948, drei Jahre später, litten die 2,5 Millionen Berliner noch immer unter Hunger und Kälte. Sie kämpften inmitten der Trümmer der vom Krieg zerstörten Stadt um Nahrung und Unterkunft, um ihr Überleben.

Mit Schaufeln und Besen gingen Frauen auf die Straße, um Ziegelsteine aus den Trümmern zu bergen und zu reinigen. Die „Trümmerfrauen" spielten eine entscheidende Rolle beim Wiederaufbau der zerbombten deutschen Städte in der Nachkriegszeit. Ihre Entschlossenheit und Stärke wurden zu Symbolen der Hoffnung und Widerstandsfähigkeit in dieser turbulenten Zeit.

7

THE IRON CURTAIN

The division of Germany was supposed to be temporary, but the Soviet Union and Western Allies had vastly different visions for the nation's future.

While the Western Allies sought to rebuild Germany's economy and introduce a democratic form of government, the USSR aimed to use the eastern zone's resources for postwar reconstruction of the Soviet Union and to spread Communism throughout Europe.

Repeated meetings from 1945 to 1947 failed to find common ground, and the ideological divide became insurmountable. British Prime Minister Winston Churchill's 1946 "Iron Curtain"* speech emphasized the split between the communist Eastern Bloc and democratic Western Bloc, marking the onset of the Cold War.**

*The political, military, and ideological barrier the Soviet Union established to isolate itself and its Eastern and Central European allies from direct interaction with the Western and noncommunist regions of Europe.

**A period of geopolitical and ideological tension between the United States and the Soviet Union and their respective allies, lasting from 1945 to the early 1990s.

DER EISERNE VORHANG

Die Teilung Deutschlands sollte nur vorübergehend sein, aber die Sowjetunion und die westlichen Alliierten hatten sehr unterschiedliche Vorstellungen über die Zukunft des Landes.

Während die westlichen Alliierten den wirtschaftlichen Wiederaufbau Deutschlands und die Einführung einer demokratischen Regierungsform anstrebten, war das Ziel der UdSSR, die Ressourcen der Ostzone für den Wiederaufbau der Sowjetunion zu nutzen und den Kommunismus in ganz Europa zu verbreiten.

Bei wiederholten Treffen zwischen 1945 und 1947 gelang es nicht, eine gemeinsame Basis zu finden, und die ideologische Kluft wurde unüberwindbar. Die Rede des britischen Premierministers Winston Churchill von 1946 über den „Eisernen Vorhang"* betonte die Spaltung zwischen dem kommunistischen Ostblock und dem demokratischen Westblock und markierte den Beginn des Kalten Krieges.**

*Die politische, militärische und ideologische Barriere, die die Sowjetunion errichtete, um sich und ihre ost- und mitteleuropäischen Verbündeten von direkten Kontakten mit den westlichen und nichtkommunistischen Regionen Europas zu isolieren.

**Eine Zeit geopolitischer und ideologischer Spannungen zwischen den Vereinigten Staaten und der Sowjetunion und ihren jeweiligen Verbündeten, die von 1945 bis in die frühen 1990er Jahre andauerte.

BULGARIA

Sofia

Bucharest

ROMANIA

HUNGARY

Budapest

CZECHOSLOVAKIA

Prague

EAST GERMANY

Berlin

POLAND

Warsaw

Soviet Union

©Bibi LeBlanc/Culture to Color*

ESCALATING TENSIONS

The people of West Berlin depended on supplies from the Western Allied occupation zones and thus relied on regular transportation routes and supply lines to receive essential goods and provisions.

Opposing political systems and goals strained the relationship between the Soviets and the Western Allies. In early 1948, the Soviets escalated tensions by introducing searches of civilian and Allied military trains and supply vehicles traveling to and from Berlin. They repeatedly turned them back on the grounds of "incorrect documentation". In response, the Western Allies started supplying troops stationed in West Berlin by air in an operation dubbed the Little Lift.

ESKALIERENDE SPANNUNGEN

Die Bevölkerung West-Berlins war von der Versorgung durch die westalliierten Besatzungszonen abhängig und somit auf regelmäßige Transportwege und Versorgungslinien angewiesen, um lebenswichtige Güter und Lebensmittel zu erhalten.

Die gegensätzlichen politischen Systeme und Ziele belasteten die Beziehungen zwischen den Sowjets und den westlichen Alliierten.

Anfang 1948 verschärften die Sowjets die Spannungen, indem sie zivile und alliierte Züge und Versorgungsfahrzeuge auf dem Weg von und nach Berlin durchsuchen ließen. Sie wiesen sie wiederholt mit der Begründung „falsche Dokumente" zurück. Daraufhin begannen die westlichen Alliierten mit der Versorgung der in West-Berlin stationierten Truppen auf dem Luftweg, was als „Operation Little Lift" bezeichnet wurde.

11

CURRENCY REFORM

Since 1945, the occupying forces made persistent but futile attempts to suppress black market trading and smuggling of goods between the sectors. Many essential goods, absent from the public distribution system, could be obtained only through unlawful means, and cigarettes emerged as a widely accepted form of payment.

Given the dire economic situation, the Western powers introduced currency reform, replacing the practically worthless Reichsmark with a new currency in their occupation zones. The introduction of the Deutsche Mark in June 1948 sought to restore trust in the currency and lay the groundwork for economic recovery. In response, the Soviets decreed their own currency reform. Neither side was willing to accept the other's new currency in their respective sectors of Berlin.

WÄHRUNGSREFORM

Seit 1945 unternahmen die Besatzungsmächte beharrliche, aber vergebliche Versuche, den Schwarzmarkthandel und den Schmuggel von Waren zwischen den Sektoren zu unterbinden. Viele lebenswichtige Güter, die es im öffentlichen Vertrieb nicht gab, konnten nur auf illegalem Weg beschafft werden, und Zigaretten wurden zu einem weithin akzeptierten Zahlungsmittel.

Angesichts der schwierigen wirtschaftlichen Lage leiteten die Westmächte eine Währungsreform ein und ersetzten die praktisch wertlose Reichsmark in ihren Besatzungszonen durch eine neue Währung. Mit der Einführung der Deutschen Mark im Juni 1948 sollte das Vertrauen in die Währung wiederhergestellt und die Grundlage für einen wirtschaftlichen Aufschwung geschaffen werden. Im Gegenzug verordneten die Sowjets ihre eigene Währungsreform. Beide Seiten waren nicht bereit, die neue Währung der anderen Seite in ihren jeweiligen Sektoren in Berlin zu akzeptieren.

13

THE BLOCKADE OF WEST BERLIN

On June 24, 1948, the Berlin paper Der Tagesspiegel reported, *"Russians Cut Power Supplies—Goods Transport Also Halted."* [1]

In a dramatic effort to put pressure on the West, the Soviets decided to cut off access to Berlin. Just after midnight, citing "technical difficulties", they cut the power supply to West Berlin and began dismantling railroad tracks. They closed the Autobahn "for repairs", thus effectively sealing off all access by land. Closing the waterways further isolated the city from the rest of the world.

These actions were part of the Soviet strategy to force the Western Allies to abandon Berlin. As a result of the blockade, the people of West Berlin faced immense challenges, including severe shortages of supplies essential for their survival. But what the Berliners feared even more than hunger—with Soviet military forces far outnumbering the Western forces—was a Soviet takeover.

DIE BLOCKADE VON WEST-BERLIN

Am 24. Juni 1948 meldete der Berliner Tagesspiegel: *„Russen kappen die Stromversorgung – auch der Güterverkehr kommt zum Erliegen".* [1]

In einem dramatischen Versuch, den Westen unter Druck zu setzen, beschlossen die Sowjets, den Zugang zu Berlin abzuschneiden. Kurz nach Mitternacht, unter dem Vorwand von „technischen Schwierigkeiten", unterbrachen sie die Stromversorgung West-Berlins und begannen damit, Bahngleise zu demontieren. Sie schlossen die Autobahn „für Reparaturen", wodurch effektiv jeder Zugang auf dem Landweg nach Berlin blockiert war. Durch die Schließung der Wasserwege wurde die Stadt weiter vom Rest der Welt isoliert.

Diese Maßnahmen waren Teil der sowjetischen Strategie, um die westlichen Alliierten zur Aufgabe Berlins zu zwingen. Infolge der Blockade sahen sich die Menschen in West-Berlin mit immensen Herausforderungen konfrontiert, unter anderem mit einem erheblichen Mangel an überlebenswichtigen Gütern. Doch was die Berliner noch mehr fürchteten als den Hunger war eine sowjetische Machtübernahme, denn die sowjetischen Streitkräfte waren den westlichen Streitkräften zahlenmäßig weit überlegen.

SCARCITY & STRUGGLE

For over three years, the people of Berlin had lived on the precipice between survival and famine. By mid-1948, adults received a daily food ration consisting of two cups of milk, two tablespoons of vegetables, two tablespoons of meat, three small potatoes, three slices of bread, a small portion of cheese, and a lump of sugar. The effects of hunger and malnutrition had taken a toll on the health of 70% of the city's inhabitants, especially children.

Berliners were restricted to using 25 minutes of gas a day from a single burner. Households were granted four hours of electricity, divided into two-hour intervals during the day and the night, supplied to neighborhoods on a rotating schedule; some weeks, a family had power from 11 p.m. to 1 a.m., others from 3 a.m. to 5 a.m.

The blockade shattered any remaining hope Berliners held for a brighter future.

KNAPPHEIT UND KAMPF

Mehr als drei Jahre hatten Menschen in Berlin am Rande des Abgrunds zwischen Hungersnot und Überleben gelebt. Mitte 1948 erhielten Erwachsene eine tägliche Lebensmittelration, die aus zwei Tassen Milch, zwei Esslöffeln Gemüse, zwei Esslöffeln Fleisch, drei kleinen Kartoffeln, drei Scheiben Brot, einer kleinen Portion Käse und einem Würfel Zucker bestand. Die Auswirkungen von Hunger und Unterernährung hatten bei 70 % der Stadtbewohner, insbesondere bei den Kindern, gesundheitliche Folgen.

Die Berliner durften täglich nur 25 Minuten Gas an einem Einzelbrenner verbrauchen. Den Haushalten wurde vier Stunden Strom gewährt, aufgeteilt in zweistündige Intervalle während des Tages und der Nacht, die nach einem rotierenden Zeitplan je nach Bezirk geliefert wurden; in manchen Wochen hatte eine Familie Strom von 23 bis 1 Uhr, in anderen von 3 bis 5 Uhr morgens.

Die Blockade zerstörte die letzte Hoffnung der Berliner auf eine bessere Zukunft.

17

DIFFICULT DECISIONS

Historian David McCullough wrote:

The situation was extremely dangerous. Clearly, [Russian dictator Josef] Stalin was attempting to force the Western Allies to withdraw from the city. Except by air, the Allied sectors were entirely cut off. Nothing could come in or out. 2.5 million people faced starvation. As it was, stocks of food would last no more than a month. Coal supplies would be gone in six weeks.[2]

While Berliners faced hunger and uncertainty, the Western Allies had limited options to respond to the Soviet blockade. Withdrawal was not one of them as it *"would inevitably entail a surrender of all of Germany and of Europe,"* warned The New York Times.[3]

"We shall stay. Period," U.S. President Harry S. Truman declared.[4]

Military action was too risky. Negotiations with the Soviets continued to fail. Imposing a counter-blockade would worsen the suffering of the already-beleaguered citizens.

Ultimately, the Western Allies opted for a daring and unprecedented approach. The April 1948 Little Lift operation gave rise to the concept of an Airlift delivering supplies to West Berlin, thereby circumventing the Soviet blockade.

SCHWIERIGE ENTSCHEIDUNGEN

Der Historiker David McCullough schrieb:

Die Situation war äußerst gefährlich. Es war offensichtlich, dass [der russische Diktator Josef] Stalin versuchte, die westlichen Alliierten zum Rückzug aus der Stadt zu zwingen. Außer auf dem Luftweg, waren die alliierten Sektoren völlig abgeschnitten. Nichts konnte rein oder raus. 2,5 Millionen Menschen drohte der Hungertod. Die Lebensmittelvorräte würden nicht länger als einen Monat reichen. Die Kohlevorräte wären in sechs Wochen aufgebraucht.[2]

Während die Berliner vor Hunger und Ungewissheit standen, hatten die westlichen Alliierten nur begrenzte Möglichkeiten, auf die sowjetische Blockade zu reagieren. Ein Rückzug kam nicht in Frage, denn er *„würde unweigerlich die Kapitulation ganz Deutschlands und Europas zur Folge haben"*, warnte The New York Times.[3]

„Wir bleiben. Punkt", erklärte US-Präsident Harry S. Truman.[4]

Eine militärische Reaktion war zu riskant. Die Verhandlungen mit den Sowjets scheiterten weiterhin. Die Verhängung einer Gegenblockade würde das Leiden der ohnehin schon belagerten Bevölkerung noch verschlimmern.

Letztendlich entschieden sich die Westalliierten für einen gewagten und beispiellosen Ansatz. Die „Operation Little Lift" im April 1948 führte zu dem Konzept, West-Berlin durch eine Luftbrücke mit Nachschub zu beliefern und so die sowjetische Blockade zu umgehen.

"He who controls Berlin controls Germany, and who controls Germany controls Europe"

Wladimir Iljitsch Lenin

GENERAL CLAY

In response to the Soviet blockade of West Berlin, European Commander General Lucius D. Clay asked Lieutenant General Curtis E. LeMay, United States Air Forces Europe Commander, if U.S. planes could airlift emergency supplies to the isolated city. *"General,"* LeMay responded, *"We can haul anything. How much coal do you want us to haul?"* Clay replied, *"All you can haul."*[5]

Because he knew he could not be successful without the support of the people of Berlin, Gen. Clay called on the unofficial mayor of Berlin, Ernst Reuter. He announced he was going to attempt to supply the city by air. Reuter assured him Berliners would make *"all necessary sacrifices."*

Clay's decision to launch the Airlift, codenamed Operation Vittles,* demonstrated the determination of the Western Allies to support West Berlin and uphold their commitment to the city's freedom and survival. He worked tirelessly with Western Allied leaders to orchestrate the massive joint humanitarian and logistical effort.

* *derived from "victuals," meaning food supplies*

GENERAL CLAY

Als Reaktion auf die sowjetische Blockade West-Berlins fragte US Militärgouverneur General Lucius D. Clay den General Curtis E. LeMay, Kommandant der United States Air Forces Europe, ob US-Flugzeuge Notgüter in die isolierte Stadt bringen könnten. *„General"*, erwiderte LeMay, *„wir können alles transportieren. Wie viel Kohle sollen wir bringen?"* Clay antwortete: *„So viel Sie transportieren können"*.

Da er wusste, dass er ohne die Unterstützung der Berliner Bevölkerung nicht erfolgreich sein konnte, wandte sich Gen. Clay an Ernst Reuter, den inoffiziellen Bürgermeister von Berlin. Er kündigte an, dass er versuchen würde, die Stadt auf dem Luftweg zu versorgen. Reuter versicherte ihm, dass die Berliner *„alle notwendigen Opfer"* bringen würden.

Gen. Clays Entscheidung, die Luftbrücke – Codename: „Operation Vittles"* – zu starten, zeigte die Entschlossenheit der westlichen Alliierten, West-Berlin zu unterstützen und ihren Einsatz für die Freiheit und das Überleben der Stadt aufrechtzuerhalten. Er arbeitete unermüdlich mit den anderen westlichen Alliierten zusammen, um den gigantischen, gemeinsamen humanitären und logistischen Einsatz zu koordinieren.

* *abgeleitet von „victuals": Lebensmittelvorräte*

21

ERNST REUTER

Ernst Reuter was the elected mayor of West Berlin, but the Soviets blocked him from taking office. Undeterred, Reuter had business cards made that read, *"Ernst Reuter, the Elected but Unconfirmed Lord Mayor of Berlin."*

By this time in his life, he not only understood the danger the Soviets posed, he knew what had to be done to face it. He stated, *"It is not my business to act like a terrified rabbit staring at a snake."*[6]

When summoned by Gen. Clay in late June 1948 about supplying the city by air, Reuter told Clay, *"You take care of the Airlift, I'll take care of the Berliners."*[7]

ERNST REUTER

Ernst Reuter wurde zum Bürgermeister von West-Berlin gewählt, aber die Sowjets hinderten ihn daran, sein Amt anzutreten. Unbeirrt ließ Reuter Visitenkarten mit der Aufschrift *„Ernst Reuter, der gewählte, aber unbestätigte Oberbürgermeister von Berlin"* anfertigen.

Zu diesem Zeitpunkt erkannte er nicht nur die Gefahr, die von den Sowjets ausging, sondern er wusste auch, was zu tun war, um ihr zu begegnen. Er erklärte: *„Es ist nicht meine Aufgabe, mich wie ein verängstigtes Kaninchen zu verhalten, das auf eine Schlange starrt."*

Als Gen. Clay ihn Ende Juni 1948 wegen der Versorgung der Stadt auf dem Luftweg zu sich rief, sagte Reuter zu Clay: *„Sie kümmern sich um die Luftbrücke, ich kümmere mich um die Berliner."*

"You peoples of the world, you peoples in America, in England, in France, in Italy! Look at this city and realize that you must not and cannot abandon this city and this people!"

ERNST REUTER

THE AIRLIFT BEGINS

On June 28, 1948, the U.S. Air Force and the British Royal Air Force launched what we know today as the Berlin Airlift.

Under Gen. Clay's leadership, and despite the uncertainty of the duration of the blockade, the U.S. and Great Britain launched Operation Vittles and Operation Plainfare, initiating a massive humanitarian and logistical effort to sustain the people of West Berlin. Few believed it was possible to maintain it for any length of time.

On that first day, American and British planes landed at Tempelhof and Gatow airports in West Berlin with fresh milk in glass bottles and bags of flour. They delivered 93 tons,* far short of the minimum of 4,500 tons of vital supplies needed daily.

1 ton = 2,000 lbs.

DIE LUFTBRÜCKE BEGINNT

Am 28. Juni 1948 starteten die US-Luftwaffe und die britische Royal Air Force was wir heute als die Berliner Luftbrücke kennen.

Unter der Führung von Gen. Clay, und trotz der Ungewissheit über die Dauer der Blockade, starteten die USA und Großbritannien die „Operation Vittles" und die „Operation Plainfare", ein gewaltiger humanitärer und logistischer Einsatz, um die Bevölkerung West-Berlins zu versorgen. Nur wenige hielten es für möglich, diesen über einen längeren Zeitraum aufrecht zu erhalten.

An jenem ersten Tag landeten amerikanische und britische Flugzeuge mit frischer Milch in Glasflaschen und Säcken mit Mehl auf den Flughäfen Tempelhof und Gatow in West-Berlin. Sie lieferten 93 Tonnen*, weit weniger als das Minimum von 4.500 Tonnen lebenswichtiger Güter, die täglich benötigt wurden.

1 Tonne = 900 kg

25

AIR CORRIDORS & EARLY DAYS OF THE AIRLIFT

The airplanes were now West Berlin's only link to the outside world. To supply the city by air, the Western Allies flew within the bounds of three 20-mile-wide air corridors through the Soviet-controlled airspace over East Germany. The northern and southern corridors were used for flights to Berlin, and the center corridor for return flights to the Western zones of Germany.

Seasoned pilots, aided by the latest radar technology, used these vital routes to fly coal, food, raw materials, medicine, and all other supplies needed by a city of 2.5 million people.

The air traffic controllers had a challenging time coordinating up to 400 aircraft each day. On average, a flight landed or took off every four minutes. To keep the people of Berlin from starving, the airports had to remain open around the clock, regardless of weather conditions.

LUFTKORRIDORE & DIE ERSTEN TAGE DER LUFTBRÜCKE

Die Flugzeuge waren nun die einzige Verbindung West-Berlins zur Außenwelt. Um die Stadt auf dem Luftweg zu versorgen, flogen die Westalliierten in drei 30 Km breiten Flugkorridoren durch den sowjetisch kontrollierten Luftraum über Ostdeutschland. Der nördliche und der südliche Korridor wurden für Flüge nach Berlin genutzt, der mittlere Korridor für die Rückflüge in die Westzonen Deutschlands.

Erfahrene Piloten nutzten mit Hilfe modernster Radartechnik diese lebenswichtigen Routen, um Kohle, Lebensmittel, Rohstoffe, Medikamente und alle anderen Güter, die eine Stadt mit 2,5 Millionen Einwohnern benötigt, zu transportieren.

Für die Fluglotsen war es eine große Herausforderung, täglich bis zu 400 Flugzeuge zu koordinieren. Im Durchschnitt landete oder startete alle vier Minuten ein Flugzeug. Um die Berliner vor dem Verhungern zu bewahren, mussten die Flughäfen rund um die Uhr und unabhängig von den Wetterbedingungen geöffnet bleiben.

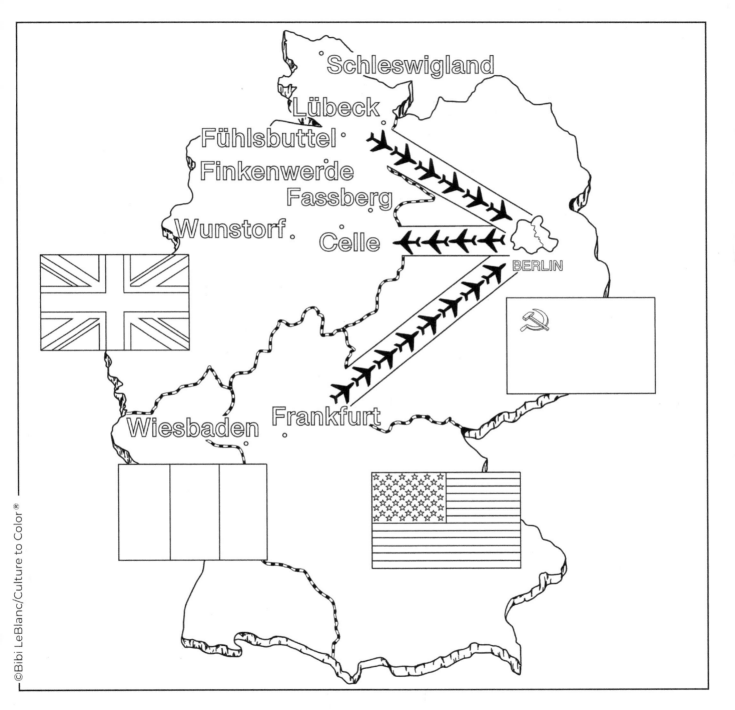

Schleswigland

Lübeck

Fühlsbuttel

Finkenwerde

Fassberg

Wunstorf

Celle

BERLIN

Frankfurt

Wiesbaden

27

BREAD FOR BERLINERS

At the onset of the blockade, the people of Berlin had only 36 days of food. Everything for the daily needs of the city—from food to soap to medical supplies—had to be flown in from all around the globe. Much organization went into making the deliveries of supplies for 2.5 million people more efficient. For example, bottled milk was heavy, so it was switched to powdered milk. Bread was too bulky, so it was decided to deliver flour to Berlin instead.

Where did the flour come from? Wheat was shipped from the United States and Canada to Bremen. Trucks delivered it to mills throughout West Germany. The flour was then delivered to the airfields, where it was loaded onto planes and flown to Berlin. At the end of this long, well-organized journey, it arrived at the local bakeries, where it was made into bread.

BROT FÜR DIE BERLINER

Zu Beginn der Blockade gab es in Berlin nur genug Lebensmittel für 36 Tage. Alles für den täglichen Bedarf der Stadt – von Lebensmitteln über Seife bis hin zu medizinischen Versorgungsgütern – musste aus der ganzen Welt eingeflogen werden. Viel Organisation war nötig, um die Versorgung von 2,5 Millionen Menschen effizienter zu gestalten. So war zum Beispiel Milch in Flaschen zu schwer und wurde durch Milchpulver ersetzt. Brot nahm zu viel Platz ein, also wurde stattdessen Mehl nach Berlin geliefert.

Woher kam das Mehl? Weizen wurde aus den Vereinigten Staaten und Kanada nach Bremen verschifft. LKWs lieferten ihn zu Mühlen in ganz Westdeutschland. Anschließend wurde das Mehl zu den Flugplätzen geliefert, wo es in Flugzeuge verladen und nach Berlin geflogen wurde. Am Ende dieser langen, gut koordinierten Reise kam es bei den örtlichen Bäckereien an, wo es zu Brot verarbeitet wurde.

29

COOPERATION

Upon arriving at Tempelhof or Gatow airports in West Berlin, cargo planes had to be unloaded quickly. Facing a shortage of workers, the Allied Forces trained Berliners to unload the planes. Crews of German volunteers, working side by side with the Western Allies, completed the meticulously orchestrated unloading tasks. Rewards such as cigarettes or additional rations further motivated the Berliners' efforts.

This collaborative approach enabled a continuous flow of supplies through non-stop Airlift operations, ensuring the city's survival during the blockade. The locals' eagerness to assist in the Airlift solved the manpower issue and fostered their sense of pride and ownership in the relief effort.

ZUSAMMENARBEIT

Nach der Ankunft auf den Flughäfen Tempelhof oder Gatow in West-Berlin mussten die Frachtflugzeuge schnell entladen werden. Da es an Arbeitskräften mangelte, bildeten die Alliierten Berliner aus, um die Flugzeuge zu entladen. Mannschaften deutscher Freiwilliger, die Seite an Seite mit den Westalliierten arbeiteten, führten die sorgfältig organisierten Entladungsarbeiten durch. Belohnungen wie Zigaretten oder zusätzliche Rationen motivierten die Leistungen der Berliner zusätzlich.

Dieser kooperative Ansatz ermöglichte die kontinuierliche Versorgung durch ununterbrochene Luftbrückenoperationen und sicherte so das Überleben der Stadt während der Blockade. Der Wille der Berliner bei der Luftbrücke mitzuhelfen, löste das Personalproblem und stärkte ihren Stolz und das Gefühl der Zugehörigkeit zu den Hilfsmaßnahmen.

31

DIRTY, DUSTY, HEAVY COAL

But it was not food that made up the majority of the supplies. The scarcity of both electricity and coal affected every aspect of life in West Berlin. To rebuild the economy and keep Berliners warm through the winter, the predominant cargo flown was coal, which constituted 65% of the total tonnage.

Coal—dirty, dusty, heavy coal—significantly impacted both aircraft and crew. Coal dust infiltrated aircraft components, causing corrosion. It also contributed to health issues among crew members. The optimal solution was to bag the coal in army surplus duffel bags. Each C-54 aircraft, for example, could transport 10 tons of bagged coal. Notably, the record for unloading 10 tons of coal was an impressive 10 minutes!

Did you know?

The Airlift delivered a total of 1.5 million tons of coal to Berlin.

SCHMUTZIGE, STAUBIGE, SCHWERE KOHLE

Der größte Teil der Lieferungen bestand jedoch nicht aus Lebensmitteln. Der Mangel an Strom und Kohle beeinträchtigte jeden Lebensbereich in West-Berlin. Um die Wirtschaft wieder anzukurbeln und die Berliner im Winter warm zu halten, wurde mit Flugzeugen vor allem Kohle eingeflogen, was 65 % der Gesamttonnage ausmachte.

Kohle – schmutzige, staubige, schwere Kohle – hatte erhebliche Auswirkungen auf Flugzeuge und Besatzung. Der Kohlestaub drang in die Flugzeugkomponenten ein und verursachte Korrosion. Auch führte er zu gesundheitlichen Problemen bei den Besatzungsmitgliedern. Die optimale Lösung bestand darin, die Kohle in Seesäcken aus Armeebeständen zu transportieren. Jedes C-54 Flugzeug z. B. konnte 10 Tonnen Kohle transportieren. Bemerkenswert ist, dass der Rekord für das Entladen von 10 Tonnen Kohle beeindruckende 10 Minuten betrug!

Wussten Sie das?

Die Luftbrücke lieferte insgesamt 1,5 Millionen Tonnen Kohle nach Berlin.

33

LACK OF ELECTRICITY

The lack of electricity caused by the coal shortage profoundly impacted households, hospitals, and businesses alike as Berliners battled each day to withstand the effects of the blockade.

The need to keep warm caused people to burn any materials they could find, including furniture, wood from park benches, and trees cut down from public areas such as Tiergarten Park.

Because of the lack of power, people could not listen to their radios most of the day; therefore, RIAS Berlin (Radio in the American Sector) drove its trucks through the city to broadcast to crowds that would spontaneously assemble, eager to hear the latest news and tonnage numbers. *RIAS was our daily food,"* one man remembers years later.

MANGEL AN ELEKTRIZITÄT

Der durch die Kohleknappheit verursachte Strommangel hatte schwerwiegende Auswirkungen auf Haushalte, Krankenhäuser und Unternehmen, während die Berliner jeden Tag darum kämpften, die Auswirkungen der Blockade zu überstehen. Die Notwendigkeit, sich warm zu halten, veranlasste die Menschen, alles zu verbrennen, was sie finden konnten, darunter Möbel, Holz von Parkbänken und Bäume, die in öffentlichen Bereichen wie dem Tiergarten gefällt wurden.

Da wegen Strommangels die Menschen ihre Radios nicht einschalten konnten, fuhr der RIAS Berlin (Radio im amerikanischen Sektor) mit seinen Lastwagen durch die Stadt und sendete für Menschenmengen, die sich spontan bildeten, die neuesten Nachrichten und Luftbrücken-Zahlen über Lautsprecher. *„RIAS war unsere tägliche Nahrung",* erinnert sich ein Mann viele Jahre später.

GROWING HOPE—
BERLIN'S CITY GARDENS

To reduce the weight of supplies flown in by the Airlift, food such as potatoes and milk often came in powdered form. Craving fresh vegetables, the resourceful people of West Berlin took matters into their own hands. They turned every available space, from windowsills and balconies to public parks and even patches of land between buildings, into gardens.

In their determination to ensure the well-being of their families and fellow citizens, they grew a wide variety of vegetables, including potatoes, carrots, and lettuce. These impromptu gardens not only helped alleviate the strain on the limited food supplies but also fostered a sense of empowerment and self-sufficiency.

WACHSENDE HOFFNUNG —
BERLINS STADTGÄRTEN

Um das Gewicht der von der Luftbrücke eingeflogenen Waren zu verringern, wurden Lebensmittel wie Kartoffeln und Milch oft in Pulverform geliefert. Mit Sehnsucht nach frischem Gemüse nahmen die findigen West-Berliner die Sache selbst in die Hand. Sie verwandelten jeden verfügbaren Platz, von Fensterbänken und Balkonen bis hin zu öffentlichen Parks und sogar Grundstücke zwischen Gebäuden, in Gärten.

In ihrem Bestreben, das Wohlergehen ihrer Familien und Mitbürger zu verbessern, bauten sie eine Vielzahl von Gemüsesorten an, darunter Kartoffeln, Karotten und Kopfsalat. Diese Gärten trugen nicht nur dazu bei, die Belastung der begrenzten Lebensmittelvorräte zu verringern, sondern förderten auch ein Gefühl der Selbstbestimmung und Selbstversorgung.

37

GENERAL TUNNER & BLACK FRIDAY

General William H. Tunner had recently arrived in Germany as the newly appointed commander of the American and British Airlift operation. His task was to organize and transform the hastily assembled humanitarian effort into a well-oiled machine. On Friday, Aug. 13, 1948, he boarded one of the planes headed to Berlin.

Flight conditions were going from bad to worse as Tunner's airplane approached Tempelhof airport. Heavy storm clouds hung low over the rooftops of Berlin, and torrential rain obscured the air controllers' view of the runway.

Airplanes that were delayed or had missed their landing circled in crowded airspace above the airfield for another attempt to land. Approaching Berlin, Tunner listened to the radio as reports from Tempelhof came in. A C-54 missed the runway and crashed. Another plane blew its tires, and a third ground looped. That day is remembered as Black Friday.

Grasping the situation's urgency, Tunner radioed Tempelhof tower: *"This is General Tunner talking, and you listen. Send every plane in the stack back to its home base."*[8]

GENERAL TUNNER & DER SCHWARZE FREITAG

Brigadegeneral William H. Tunner war vor kurzem als neu ernannter Befehlshaber der gemeinsamen amerikanischen und britischen Airlift Operation eingetroffen. Seine Aufgabe war es, die hastig zusammengestellte humanitäre Aktion in eine gut geölte Maschine zu verwandeln. Am Freitag, den 13. August 1948 bestieg er eines der Flugzeuge nach Berlin.

Die Flugbedingungen verschlechterten sich zusehends, als sich Tunners Flugzeug dem Flughafen Tempelhof näherte. Schwere Gewitterwolken hingen tief über den Dächern Berlins, und sintflutartiger Regen verschleierte den Fluglotsen die Sicht auf die Landebahn.

Flugzeuge, die Verspätung hatten oder ihre Landung verfehlt hatten, kreisten im überfüllten Luftraum über dem Flugplatz für einen weiteren Landeversuch. Im Anflug auf Berlin hörte Tunner die Meldungen aus Tempelhof im Radio. Eine C-54 hatte die Landebahn verfehlt und war zerstört. Einem anderen Flugzeug platzten die Reifen, und ein drittes machte eine Bodenschleife. Dieser Tag ging als Schwarzer Freitag in die Geschichte der Luftbrücke ein.

Tunner erkannte die Dringlichkeit der Situation und funkte an den Tower von Tempelhof: *„Hier spricht General Tunner, und Sie hören zu. Schicken Sie alle Flugzeuge in der Warteschleife über Berlin zurück zu ihrer Heimatbasis."*

WILLIE, THE WHIP

Immediately, Gen. Tunner introduced new flight and landing protocols for the Berlin airfields. He made instrument flying mandatory, regardless of the weather conditions. Also, if a pilot missed his landing, he was not allowed a second attempt but would instead have to return to his base in West Germany. This prevented the backup of airplanes in holding patterns and ensured safer landing operations.

After observing many planes sitting idle, fully loaded, while their crews were inside the terminal, Tunner recognized the importance of reducing the turnaround time of the airplanes. After touchdown, the pilot had four minutes to park his plane. Refueling, unloading, and minor maintenance then were completed simultaneously. All procedures were timed perfectly to maximize the usage of the available airplanes and ground facilities.

Under Gen. Tunner, dubbed "Willie, the Whip" for his unrelenting demand for precision, the Combined Airlift Task Force succeeded in optimizing the operation.

WILLIE, DIE PEITSCHE

Unverzüglich führte Gen. Tunner neue Flug- und Landeprotokolle für die Berliner Flugplätze ein. Er machte den Instrumentenflug zur Pflicht, unabhängig von den Wetterbedingungen. Wenn ein Pilot seine Landung verpasste, wurde ihm kein zweiter Versuch gestattet, sondern er musste zu seiner Basis in Westdeutschland zurückkehren. Dies verhinderte den Rückstau von Flugzeugen in Warteschleifen und sorgte für sicherere Landevorgänge.

Nachdem Tunner beobachtet hatte, wie viele Flugzeuge voll beladen stillstanden, während sich ihre Besatzungen im Terminal befanden, erkannte er, wie wichtig es ist, die Abfertigungszeit der Flugzeuge zu verkürzen. Nach der Landung hatte ein Pilot vier Minuten Zeit, sein Flugzeug zu parken. Betankung, Entladung und kleinere Wartungsarbeiten wurden dann gleichzeitig durchgeführt. Alle Abläufe wurden perfekt abgestimmt, um die Nutzung der verfügbaren Flugzeuge und Bodeneinrichtungen zu maximieren.

Unter Gen. Tunner, der wegen seines unermüdlichen Strebens nach Präzision auch „Willie, die Peitsche" genannt wurde, gelang es der Combined Airlift Task Force, die Luftbrücke zu optimieren.

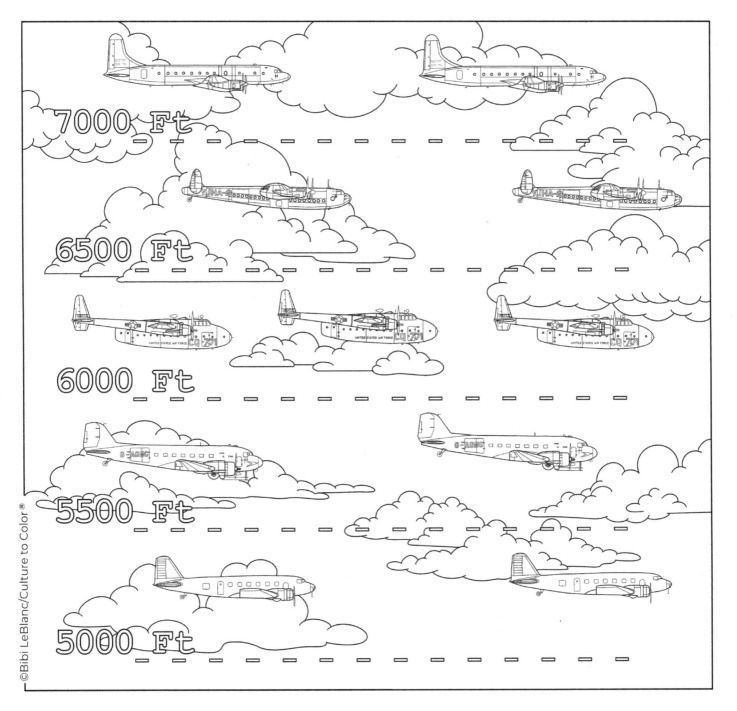

7000 Ft

6500 Ft

6000 Ft

5500 Ft

5000 Ft

INNOVATIVE SOLUTIONS

"The actual operation of a successful Airlift is about as glamorous as drops of water on stone," Tunner wrote in his memoir. *"There's no frenzy, no flap, just the inexorable process of getting the job done."*

All pilots were ordered to stay with their planes from landing until takeoff. Weather updates and information were brought directly to the aircraft during unloading, eliminating the crews' need to enter the terminal. Gen. Tunner also converted several trucks to mobile snack bars, staffed by charming Berlin women, allowing crews to obtain coffee, snacks, or other supplies without leaving the vicinity of their planes.

These clever solutions not only improved morale among the aircrews, they also reduced the average turnaround time from landing to takeoff to approximately 25 minutes!

Did you know?

New tonnage records were set almost every week, and at the height of the Airlift, an aircraft landed in Berlin every 63 seconds.

INNOVATIVE LÖSUNGEN

„Der eigentliche Betrieb einer erfolgreichen Luftbrücke ist so glamourös wie Wassertropfen auf Stein", schrieb Tunner in seinen Memoiren. *„Es gibt keine Hektik, keine Aufregung, nur den unaufhaltsamen Prozess, die Arbeit zu erledigen".*

Alle Piloten wurden angewiesen, von der Landung bis zum Start bei ihren Flugzeugen zu bleiben. Aktuelle Wetterinformationen wurden während des Entladens direkt zum Flugzeug gebracht, so dass die Besatzungen nicht mehr zum Terminal gehen mussten. Außerdem ließ Gen. Tunner mehrere Lastwagen zu mobilen Snackbars umbauen, die von charmanten Berlinerinnen bedient wurden, so dass sich die Besatzungen mit Kaffee, Snacks oder anderen Dingen versorgen konnten, ohne die Nähe ihrer Flugzeuge verlassen zu müssen.

Diese cleveren Lösungen verbesserten nicht nur die Moral der Flugzeugbesatzungen, sondern verkürzten auch die durchschnittliche Abfertigungszeit zwischen Landung und Start auf etwa 25 Minuten!

Wussten Sie das?

Fast jede Woche wurden neue Tonnenrekorde aufgestellt, und auf dem Höhepunkt der Luftbrücke landete alle 63 Sekunden ein Flugzeug in Berlin.

THE AIRPLANES

Many doubted the possibility of accomplishing the extensive, intricate, and perilous undertaking of supplying a city of 2.5 million people by air alone. How could airplanes replace the massive daily transportation of goods like coal and food usually handled by trucks, trains, and canal barges?

Initially, the daily requirement of 4,500 tons of supplies could not be met by the limited number of military airplanes available for the Airlift. Therefore, hundreds of planes of all types and sizes, military and civilian, were called into service from around the globe.

The U.S. and the U.K. played the most significant roles in the Airlift. Additionally, France, Australia, Canada, New Zealand, and South Africa contributed vital support to the Airlift.

DIE FLUGZEUGE

Viele bezweifelten, dass das umfangreiche, komplizierte und gefährliche Unterfangen, eine Stadt mit 2,5 Millionen Einwohnern allein auf dem Luftweg zu versorgen, zu bewältigen sei. Wie sollten Flugzeuge den enormen täglichen Transportbedarf von Gütern wie Kohle und Lebensmitteln, der normalerweise von Lastwagen, Eisenbahnen und Schiffen bewältigt wurde, ersetzen?

Anfänglich konnte der tägliche Bedarf von 4.500 Tonnen an Versorgungsgütern mit der begrenzten Anzahl der für die Luftbrücke verfügbaren Militärflugzeuge nicht gedeckt werden. Daher wurden Hunderte von militärischen und zivilen Flugzeugen aller Typen und Größen aus der ganzen Welt nach Deutschland geholt.

Die USA und Großbritanien spielten bei der Luftbrücke die bedeutendsten Rollen. Darüber hinaus leisteten Frankreich, Australien, Kanada, Neuseeland und Südafrika wichtige Unterstützung für die Luftbrücke.

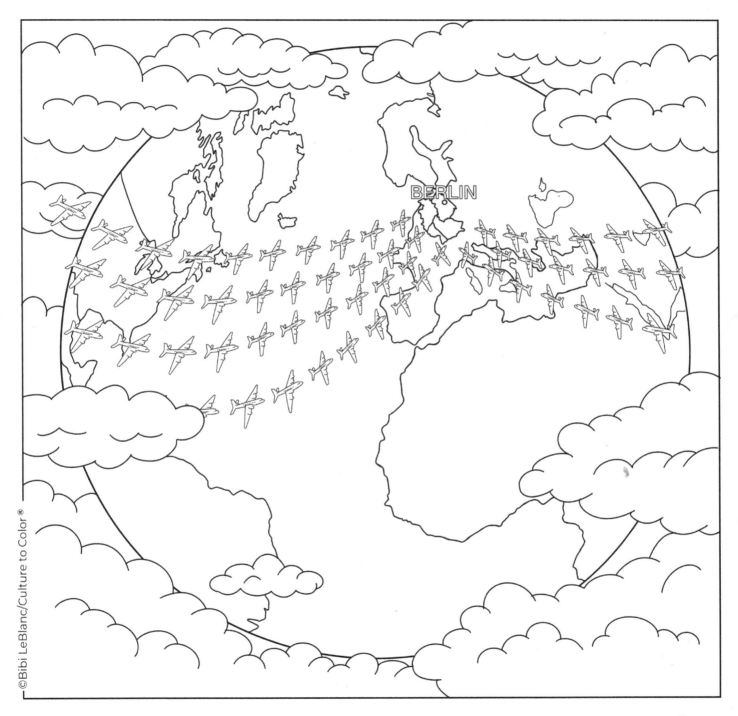

45

DOUGLAS C-47 'SKYTRAIN'

Before World War II, the DC-3 airplane enjoyed the status of an airborne luxury liner. During the war, it was converted to the C-47, a military cargo version that could carry three tons of supplies. Of the 10,000 built, 102 were based in Europe when the Airlift started.

C-47s flew the first loads of supplies to West Berlin four days after the blockade began. Its versatility allowed the pilots to navigate challenging conditions, landing on makeshift runways, and delivering supplies with precision. It became the workhorse and played a crucial role in sustaining West Berlin during the early days of the Airlift.

Did you know?

Today, it is affectionately remembered as the Candy Bomber or Rosinenbomber (Raisin Bomber), as Germans call it.

DOUGLAS C-47 „SKYTRAIN"

Vor dem Zweiten Weltkrieg genoss das Flugzeug DC-3 den Status eines fliegenden Luxusliners. Während des Krieges wurde es zur C-47 umgebaut, einer militärischen Frachtversion, die drei Tonnen Vorräte transportieren konnte. Von den 10.000 hergestellten Exemplaren befanden sich 102 in Europa, als die Luftbrücke begann.

Vier Tage nach Beginn der Blockade flogen C-47 Flugzeuge die ersten Lieferungen nach West-Berlin. Deren Vielseitigkeit ermöglichten es den Piloten, unter schwierigen Bedingungen zu navigieren, auf provisorischen Landebahnen zu landen und die Versorgungsmittel zu liefern. Das Flugzeug wurde zum Arbeitstier und spielte eine entscheidende Rolle bei der Versorgung West-Berlins in den ersten Tagen der Luftbücke.

Wussten Sie das?

Dieses Flugzeug ist den Menschen bis heute als „Rosinenbomber" in liebevoller Erinnerung geblieben.

LIEUTENANT GAIL HALVORSEN

When 27-year-old C-47 Air Force pilot from Utah, Lieutenant Gail S. Halvorsen, arrived in Germany, he flew three round trips to Berlin every day. On one of his days off in the midst of the Airlift's intense missions, he hitched a ride to Berlin to do some sightseeing. While waiting for his driver at Tempelhof airport, he noticed a group of children behind the fence. They were curious and polite. They didn't ask for candy but asked questions about the planes, how fast they could fly, and what cargo they carried.

As he was leaving, Lt. Halvorsen reached into his pocket and pulled out two sticks of gum. The children divided the gum and even treasured the wrappers. Wanting to give them more, he promised to drop candy the next day, not at the fence but from the sky. Before leaving, a child asked how they would recognize him. With a smile, Halvorsen replied, *"I'll wiggle my wings."*

Little did he know that this simple gesture would become a cherished symbol of hope during those dark days.

LEUTNANT GAIL HALVORSEN

Als der 27-jährige C-47 Air Force Pilot aus Utah, Leutnant Gail S. Halvorsen, in Deutschland ankam, flog er jeden Tag drei Hin- und Rückflüge nach Berlin. An einem seiner freien Tage inmitten der intensiven Einsätze der Luftbrücke flog er nach Berlin, um die Stadt zu besichtigen. Während er am Flughafen Tempelhof auf einen Fahrer wartete, bemerkte er eine Gruppe von Kindern hinter dem Zaun. Sie waren neugierig und höflich. Sie baten nicht um Süßigkeiten, sondern stellten Fragen über die Flugzeuge, wie schnell sie fliegen konnten und welche Fracht sie transportierten.

Bevor er ging, griff Halvorsen in seine Tasche und holte zwei Stangen Kaugummi heraus. Die Kinder teilten die Kaugummis und freuten sich sogar über die Verpackungen. Er versprach, am nächsten Tag mehr Süßigkeiten zu bringen, und zwar nicht am Zaun, sondern vom Himmel. Bevor er ging, fragte ein Kind, woran sie ihn erkennen würden. Mit einem Lächeln antwortete Halvorsen: *„Ich werde mit den Flügeln wackeln"*.

Er ahnte nicht, dass diese einfache Geste zu einem geliebten Symbol der Hoffnung in jenen dunklen Tagen werden würde.

49

THE 'CHOCOLATE PILOT'

The next morning, Halvorsen bought his weekly allowance of candy and gum at the Rhein-Main base exchange, and fellow personnel also contributed their rations. He crafted makeshift parachutes using handkerchiefs and attached the candy.

That same day, as he approached Tempelhof in his C-47, he spotted the children eagerly waiting in the same spot. He rocked his wings, and his flight engineer dropped the small packages attached to handkerchief parachutes.

Word spread quickly, and more kids showed up every day. Soon, letters addressed to "Uncle Wiggly Wings" and "The Chocolate Pilot" started pouring in, but Halvorsen kept his candy drops a secret, fearing he might get into trouble. When his commander asked what he was doing, Halvorsen replied, *"Flying, Sir,"* and he was sent to Gen. Tunner. Tunner showed him a newspaper article written by a reporter who almost had been hit by a chocolate bar. Despite his initial disapproval, Tunner saw the candy drops as an opportunity to further repair the relationship with Berliners. Halvorsen named it Operation Little Vittles.

Soon, many other pilots participated, and candy parachutes were assembled by school classes and church groups across the U.S. and sent to Germany for the children of Berlin.

DER „SCHOKOLADENPILOT"

Am nächsten Morgen kaufte Halvorsen sein wöchentliches Kontingent an Süßigkeiten und Kaugummis am Rhein-Main Stützpunkt, und auch seine Kollegen steuerten ihre Rationen bei. Er bastelte improvisierte Fallschirme aus Taschentüchern und befestigte die Süßigkeiten daran.

Als er am selben Tag mit seiner C-47 im Landeanflug auf Tempelhof war, sah er die Kinder, die sehnsüchtig an der gleichen Stelle warteten. Er wackelte mit den Flügeln, und sein Bordingenieur warf die kleinen Pakete, an Taschentuchfallschirmen befestigt, ab.

Das sprach sich schnell herum, und jeden Tag kamen mehr Kinder. Schon bald trafen Briefe ein, die an „Onkel Wiggly Wings" und „The Chocolate Pilot" adressiert waren, aber Halvorsen hielt seine Süßigkeiten-Abwürfe geheim, weil er befürchtete, Ärger zu bekommen. Als sein Vorgesetzter ihn fragte, was er mache, antwortete Halvorsen: *„Fliegen, Sir"*, und er wurde zu Gen. Tunner geschickt. Dieser zeigte ihm einen Zeitungsartikel, den ein Reporter geschrieben hatte, der beinahe von einem Schokoriegel getroffen worden war. Trotz seiner anfänglichen Missbilligung sah Tunner in den „Candy-Drops" eine Gelegenheit, die Beziehungen zu den Berlinern zu verbessern. Halvorsen nannte sie „Operation Little Vittles".

Schon bald beteiligten sich viele andere Piloten an der Aktion, und Schulklassen und Kirchengruppen in den USA bauten Süßigkeiten-Fallschirme und schickten sie nach Deutschland für die Kinder in Berlin.

DOUGLAS C-54 'SKYMASTER'

In July, C-54 Skymasters, with a load capability of 10 tons, were added to the Airlift fleet and became a vital lifeline to West Berlin. Their ability to carry substantial loads over long distances significantly increased the efficiency of the operation. The aircraft's steady performance allowed for a consistent flow of goods into the isolated city.

With over 200 participating, the C-54 Skymasters became the most widely utilized aircraft of the Airlift operation.

Did you know?

The combined flight mileage of the C-47 and the C-54 during the Airlift amounted to 92 million miles, nearly the distance between the Earth and the Sun.

DOUGLAS C-54 „SKYMASTER"

Im Juli wurden die C-54 Skymasters, mit einer Ladekapazität von 10 Tonnen, der Luftbrücke hinzugefügt und wurden zu einer wichtigen Lebensader für West-Berlin. Deren Fähigkeit, große Lasten über weite Entfernungen zu befördern, erhöhte die Effizienz der Operation erheblich. Die konstante Leistung dieser Flugzeuge ermöglichte eine kontinuierliche Versorgung der isolierten Stadt.

Mit über 200 C-54 Skymasters im Einsatz wurde es zum meistgenutzten Flugzeug der Luftbrücke.

Wussten Sie das?

Die Flugkilometer der C-47 und C-54 während der Luftbrücke betrugen zusammen 148 Millionen Kilometer, was fast der Entfernung zwischen Erde und Sonne entspricht.

SHORT SUNDERLAND

In the early days of the Airlift, Great Britain's Royal Air Force deployed the Short Sunderland, big flying boats adapted for cargo transport, to supplement the land-based airplanes. Taking advantage of their ability to take off and land on water, these amphibious aircraft further expanded the logistical capacity of the Airlift without using capacity at the airports.

They took off from the Elbe River in Hamburg and landed on the Havel River in Berlin. The planes' seaworthy paint made them ideal for carrying salt without fear of corrosion, delivering the 38 tons required daily in Berlin.

Did you know?

The British Royal Air Force was short of military transport aircraft, so it contracted with civilian airlines to provide additional planes.

SHORT SUNDERLAND

Zu Beginn der Luftbücke setzte die britische Royal Air Force als Ergänzung zu den landgestützten Flugzeugen Short Sunderlands ein, große für den Frachttransport umgebaute Flugboote. Dank ihrer Fähigkeit, auf dem Wasser zu starten und zu landen, erweiterten diese Wasserflugzeuge die logistische Kapazität der Luftbrücke, ohne die Kapazitäten der Flughäfen zu belasten.

Sie starteten von der Elbe in Hamburg und landeten auf der Havel in Berlin. Die speziell salzwasserfeste Lackierung der Flugzeuge machte sie ideal für den Transport von Salz, ohne dass Korrosion zu befürchten war. So konnten sie die täglich benötigten 38 Tonnen nach Berlin liefern.

Wussten Sie das?

Die britische Royal Air Force verfügte nicht über genügend militärische Transportflugzeuge und schloss daher Verträge mit zivilen Fluggesellschaften ab, um zusätzliche Flugzeuge bereitzustellen.

WINGS OF HOPE

Coal and food were not the only things transported. The Airlift also served as a lifeline for undernourished or sick children and people in need by flying them to West Germany, where they could get better care.

Contemporary witness Heinz Arno Wascheck from Ruppertshain remembers:

At the time of the Airlift, I lived with my mother and sister in Berlin. I was called to the doctor in Neukölln. Since I was a sick and malnourished child, they immediately put me on the list of children to be flown to West Germany. So, one day, I found myself on a plane that had just brought coal to Berlin. Together with many other children, we were flown from Berlin-Gatow airport to Lübeck, where we arrived completely dirty. We were taken to a hospital and had to take off all our clothes, shower, and get disinfected. The next day, we continued on the train under the care of the Red Cross and Arbeiterwohlfahrt to Endbach in Westerwald and a children's home. There was plenty of food and drink, and it was warm in the rooms. Crumble cake was our special treat. From the viewpoint of a ten-year-old, it was the land of milk and honey, especially because of the freezing cold winter of 1946/47. So, I survived thanks to the help of the American forces, and I was educated in the best way.

FLÜGEL DER HOFFNUNG

Es wurden aber nicht nur Kohle und Lebensmittel transportiert. Die Luftbrücke diente den Menschen auch in anderer Funktion: Sie flog unterernährte und kranke Kinder und Menschen in Not nach Westdeutschland, wo sie besser versorgt werden konnten.

Ein Zeitzeuge, Heinz Arno Wascheck aus Ruppertshain, erinnert sich:

Zur Zeit der Luftbrücke lebte ich mit meiner Mutter und meiner Schwester in Berlin. Zu meinem Glück wurde ich zum Amtsarzt nach Neukölln gerufen. Da ich ein krankes und unterernährtes Kind war, setzte man mich sofort auf die Liste der Kinder, die nach Westdeutschland ausgeflogen werden sollten. So fand ich mich eines Tages in einem Flugzeug wieder, das gerade Kohle nach Berlin gebracht hatte. Gemeinsam mit vielen anderen Kindern wurden wir vom Flughafen Berlin-Gatow nach Lübeck geflogen, wo wir völlig verschmutzt ankamen. Wir wurden in ein Krankenhaus gebracht, mussten sämtliche Kleidungsstücke ausziehen, uns duschen und desinfizieren. Am nächsten Tag ging es weiter im Zug unter der Betreuung vom Roten Kreuz und der Arbeiterwohlfahrt nach Endbach im Westerwald in ein Kinderheim. Dort gab es ausreichend zu essen und zu trinken, und es war warm in den Räumen. Streuselkuchen war unser besonderer Leckerbissen. Aus Sicht eines Zehnjährigen war das ein Schlaraffenland, gerade wegen des eiskalten Winters 1946/47. So habe ich Dank der Hilfe von den amerikanischen Streitkräften überlebt, und ich wurde bestens schulisch ausgebildet.

MAINTENANCE

Scheduled airplane maintenance was crucial during the Berlin Airlift. To minimize breakdowns, inspections occurred every 50 flight hours, with maintenance every 200 flight hours in England, and a comprehensive overhaul every 1,000 flight hours in the U.S.

However, the shortage of skilled mechanics for maintenance in Germany posed a challenge. Gen. Tunner's solution was to build crews of skilled German mechanics, and American supervisors and interpreters. This approach effectively resolved the manpower issue and ensured continuous servicing of the fleet, vital for uninterrupted supply deliveries to Berlin.

Sgt. Ralph Dionne, a U.S. mechanic, remembers:

When we started working there, there was very little support for the mechanics. We had to use ladders and flashlights at night. I spent a lot of time on night duty. We were working 12 hours on and 12 hours off for quite a while. It was a serious job, and we knew we were accomplishing big things.[11]

WARTUNG DER FLUGZEUGE

Die planmäßige Wartung der Flugzeuge war während der Berliner Luftbrücke von entscheidender Bedeutung. Um Ausfälle zu minimieren, wurden alle 50 Flugstunden Inspektionen durchgeführt, Wartungen alle 200 Flugstunden in England, eine Wartung und eine umfassende Überholung alle 1.000 Flugstunden in den USA.

Der Mangel an qualifizierten Mechanikern für die Wartung in Deutschland stellte jedoch eine Herausforderung dar. Die Lösung von Gen. Tunner bestand darin, Besatzungen aus erfahrenen deutschen Mechanikern sowie amerikanischen Vorgesetzten und Dolmetschern zusammenzustellen. Auf diese Weise wurde das Personalproblem wirksam gelöst und die kontinuierliche Wartung der Flotte sichergestellt, die für die ununterbrochene Versorgung Berlins von entscheidender Bedeutung war.

Sergeant Ralph Dionne, ein US-Mechaniker, erinnert sich:

Als wir dort zu arbeiten begannen, gab es sehr wenig Unterstützung für die Mechaniker. Wir mussten nachts mit Leitern und Taschenlampen arbeiten. Ich habe sehr viel Zeit im Nachtdienst verbracht. Wir arbeiteten eine ganze Zeit lang in 12 Stunden Schichten. Es war eine ernste Aufgabe, und wir wussten, dass wir etwas Großes leisteten.[11]

THE FLYING DOG

When Lieutenant Clarence "Russ" Steber was summoned to Gen. LeMay's office, he thought he was in trouble. *"Are you the pilot who owns the dog who is flying in our airplanes?"* LeMay asked. When Lt. Steber confirmed, LeMay replied, *"Without a parachute? That dog is one of the best morale builders that I've had over here. I want that dog to have a parachute!"*[12]

With 415 missions, Air Force pilot Lt. Steber holds the record for the most missions flown during the Berlin Airlift. He received the Distinguished Flying Cross for his efforts.

But it was his dog, "Vittles," who became memorable. In 130 missions, Vittles logged over 2,000 flight hours. Unlike his owner—who on one occasion had to bail out over the Soviet zone, was captured, but released a few days later—Vittles never had to use his parachute.

DER FLIEGENDE HUND

Als Leutnant Clarence „Russ" Steber in das Büro von Gen. LeMay gerufen wurde, dachte er, er sei in Schwierigkeiten. *„Sind Sie der Pilot, dem der Hund gehört, der in unseren Flugzeugen fliegt?"* fragte LeMay. Als Steber dies bestätigte, erwiderte LeMay: *„Ohne Fallschirm? Dieser Hund ist einer der besten Moralbilder, die ich hier habe. Ich will, dass dieser Hund einen Fallschirm hat!"*[12]

Mit 415 Einsätzen hält der Air Force-Pilot, Leutnant Steber, den Rekord für die meisten während der Berliner Luftbrücke geflogenen Einsätze. Dafür wurde er mit dem Distinguished Flying Cross ausgezeichnet.

Aber es war sein Hund „Vittles", der in Erinnerung blieb. In 130 Einsätzen sammelte Vittles über 2.000 Flugstunden. Im Gegensatz zu seinem Besitzer, der einmal über der sowjetischen Zone abspringen musste und gefangen genommen, aber einige Tage später wieder freigelassen wurde, musste Vittles nie seinen Fallschirm benutzen.

AIRPORT CHALLENGES

Flying around the clock, often under difficult conditions, U.S. and British pilots mainly used seven air bases in West Germany and flew into two airfields in Berlin: Tempelhof in the American sector, where pilots had to skirt over apartment buildings on final approach, and Gatow in the British sector.

Runways, rapidly built with perforated steel matting (Marston mats), started to deteriorate under the constant impact of the transport planes. A crew of 225 women was hired to pour a mixture of tar, sand, and debris into the new cracks created from each landing.

With Gen. Tunner's optimization measures taking effect and flight numbers increasing, this problem had to be solved quickly. To meet the growing demands of the airlift, new concrete runways were constructed at Berlin Tempelhof and Gatow airports.

HERAUSFORDERUNGEN AN DEN FLUGHÄFEN

Die amerikanischen und britischen Piloten flogen rund um die Uhr und oft unter schwierigen Bedingungen. Sie nutzten hauptsächlich sieben Flugplätze in Westdeutschland und flogen zwei Flugplätze in Berlin an: Tempelhof im amerikanischen Sektor, wo die Piloten im Endanflug dicht über Wohnhäuser hinwegfliegen mussten, und Gatow im britischen Sektor.

Die Start- und Landebahnen, die in kurzer Zeit mit Lochblech-Platten gebaut worden waren, begannen sich unter dem ständigen Aufprall der Transportflugzeuge zu verschlechtern. Eine Crew aus 225 Frauen wurde angeheuert, um ein Gemisch aus Teer, Sand und Schutt in die durch jede Landung neu entstandenen Risse zu schütten.

Mit dem Wirksamwerden der Tunner'schen Optimierungsmaßnahmen und dem Anstieg der Flugzahlen musste dieses Problem schnell gelöst werden. Um den wachsenden Anforderungen der Luftbrücke gerecht zu werden wurden auf den Flughäfen Tempelhof und Gatow neue Betonbahnen gebaut.

63

TEGEL – A NEW AIRPORT IN THREE MONTHS

Gen. Tunner—anticipating the increased need for coal during the coming winter—concluded a third airport was desperately needed. In Tegel, a site selected in the French sector, construction of a new airport began on Aug. 5, 1948.

With a shortage of Allied manpower, civilian German workers had become essential to the Airlift. The construction crews for the new airport at Tegel included 19,000 German civilians, 40% of whom were women. They worked in three shifts around the clock, mostly with hand tools, and transformed the area at Tegel Forest into a working airfield.

With a length of 5,500 feet, the longest runway in Europe was built using pulverized bricks from destroyed buildings, then paving over the base with asphalt flown into Berlin in 10,000 55-gallon drums. The Allies delivered the necessary heavy machines in pieces, then reassembled them on-site.

On Nov. 5, 1948—just three months after airport construction began—the first C-54 landed at Tegel!

TEGEL – EIN NEUER FLUGHAFEN IN DREI MONATEN

Gen. Tunner, in Erwartung des erhöhten Bedarfs an Kohle im kommenden Winter, kam zu dem Schluss, dass ein dritter Flughafen dringend benötigt wurde. Am 5. August 1948 begann in Tegel, einem ausgewählten Standort im französischen Sektor, der Bau eines neuen Flughafens.

Angesichts des Mangels an alliierten Arbeitskräften waren zivile deutsche Arbeiter zu einem wesentlichen Bestandteil der Luftbrücke geworden. Am Bau des neuen Flughafens in Tegel waren 19.000 deutsche Zivilisten beteiligt, davon 40 % Frauen. Sie arbeiteten in drei Schichten rund um die Uhr, meist mit Handwerkzeugen, und verwandelten das Gelände am Tegeler Forst in einen funktionierenden Flugplatz.

Mit einer Länge von fast 1.700 Metern, wurde die längste Landebahn in Europa mit pulverisierten Ziegelsteinen aus den zerstörten Gebäuden der Stadt gebaut und dann mit Asphalt überdeckt, der in 10.000 200-Liter-Fässern nach Berlin geflogen wurde. Die Alliierten lieferten die notwendigen großen Baumaschinen in zerlegten Teilen an und schweißten sie vor Ort wieder zusammen.

Am 5. November 1948 – nur drei Monate nach Beginn des Flughafenbaus – landete die erste C-54 in Tegel!

65

SOVIET DISRUPTION & DECEPTION

Throughout the operation, Soviet and German Communists continued to disrupt life in West Berlin in an attempt to demoralize Berliners and stoke fears of Soviet invasion.

They continued to interrupt the smooth delivery of supplies. They harassed Allied planes by shining searchlights at night to confuse pilots, conducted obstructive flight training exercises in the transport corridors, and buzzed transport planes with their fighter jets.

The Soviets boycotted elections and randomly apprehended people off the streets to interrogate them. Another scheme involved tempting West Berliners with the offer of meat and vegetables in the Soviet sector. But despite being weak from hunger, West Berliners rejected the blatant bribery and let the food in Russian storerooms rot rather than submit to Communism.

SOWJETISCHE STÖRUNGEN & TÄUSCHUNGEN

Während der gesamten Operation störten sowjetische und deutsche Kommunisten weiterhin das Leben in West-Berlin, um die Berliner zu demoralisieren und Ängste vor einer sowjetischen Invasion zu schüren.

Sie versuchten immer wieder die Lieferungen von Versorgungsgütern zu unterbrechen. So belästigten sie z. B. alliierte Flugzeuge, indem sie nachts Suchscheinwerfer einschalteten, um die Piloten zu verwirren, führten in den Transportkorridoren behindernde Flugübungen durch und überflogen die Transportflugzeuge mit ihren Kampfflugzeugen.

Die Sowjets boykottierten Wahlen und entführten wahllos Menschen von der Straße, um sie zu verhören. Eine weitere Intrige bestand darin, die Westberliner mit dem Angebot von Fleisch und Gemüse im sowjetischen Sektor zu locken. Doch obwohl sie vor Hunger geschwächt waren, lehnten die Westberliner die unverhohlene Bestechung ab und ließen die Lebensmittel in den russischen Lagern lieber verrotten, als sich dem Kommunismus zu unterwerfen.

CHRISTMAS 1948

By Christmas, American and British planes had made 100,000 flights and delivered 730,000 tons of supplies to Berlin.

On Dec. 25, 1948, Larry LeSueur of CBS Berlin reported:

… Santa Claus and his reindeer haven't got a thing on the young men of the Berlin Airlift. In fact, I think the young men are working a bit harder today than old Saint Nick himself. He knocked off work last night, but all day long the lead-gray skies of Berlin have been filled with the rumble of airplane engines. You can't see the big four motored planes through the overcast, but they're streaming in, heavily laden, into Tempelhof right now, on the most ticklish kind of blind landings.

… Now that darkness has fallen over Berlin, they're still keeping them flying. Their Christmas decorations are the red, green, and yellow flares that mark the flying strips of Berlin. … while the Airlift rumbles on like a railroad in the sky.

This is Larry LeSueur wishing you a Merry Christmas from Berlin.[13]

WEIHNACHTEN 1948

Bis Weihnachten hatten amerikanische und britische Flugzeuge 100.000 Flüge durchgeführt und 730.000 Tonnen Vorräte nach Berlin geliefert.

Am 25. Dezember 1948 berichtete Larry LeSueur von CBS Berlin:

… Der Weihnachtsmann und seine Rentiere können den jungen Männern der Berliner Luftbrücke nicht das Wasser reichen. Ich glaube sogar, dass die jungen Männer heute ein bisschen härter arbeiten als der Weihnachtsmann. Er hat gestern Abend Feierabend gemacht, aber den ganzen Tag über war der bleigraue Himmel über Berlin vom Dröhnen der Flugzeugmotoren erfüllt. Man kann die großen viermotorigen Flugzeuge durch die Wolkendecke nicht sehen, aber sie landen – nach den heikelsten Blindanflügen – immer und immer wieder schwer beladen in Tempelhof.

… Auch jetzt noch, nachdem die Dunkelheit über Berlin hereingebrochen ist, lassen sie sie immer noch fliegen. Ihr Weihnachtsschmuck sind die roten, grünen und gelben Leuchtfeuer, die die Flugbahnen in Berlin markieren. … und die Luftbrücke rumpelt weiter wie eine Eisenbahn im Himmel.

Hier ist Larry LeSueur, der Ihnen frohe Weihnachten aus Berlin wünscht.[13]

CARE PACKAGES®

Many Berliners fondly remember receiving CARE Packages®. Established in 1945 by 22 American organizations, CARE embarked on an unprecedented humanitarian mission. During the Airlift, 250,000 CARE Packages® were delivered to Berlin.

Norbert Blüm, Honorary Member of CARE Germany, recalls:

Coming out of nowhere, out of the dark nothingness, came a package with everything that is nice for children. I felt it was like a miracle box. There were things in it that I didn't even know existed. Chocolate! I only knew that from hearsay. There were egg powder, milk powder, peanut butter, peanuts. All things that have helped us very much, not only to satisfy the hunger. They gave us hope that life would go on.[14]

CARE-PAKETE®

Viele Berlinerinnen und Berliner erinnern sich gerne an den Empfang von CARE-Paketen®. 1948 von 22 amerikanischen Organisationen gegründet, begann CARE eine beispiellose humanitäre Mission. Während der Luftbrücke wurden 250.000 CARE-Pakete® nach Berlin geliefert.

Norbert Blüm, Ehrenmitglied von CARE Deutschland, erinnert sich:

Aus dem Nichts kommend, aus dem dunklen Nichts, kam ein Paket mit allem was für Kinder schön ist. Ich empfand das wie eine Wunderkiste. Es gab Sachen drin, von denen ich gar nicht wusste, dass es sie gab. Schokolade! Das kannte ich nur vom Hörensagen. Eine Sendung aus dem Himmel. Da waren drin Eipulver, Milchpulver, Erdnussbutter, Erdnüsse. Alles Sachen, die uns sehr geholfen haben, nicht nur den Hunger zu stillen, sondern überhaupt Hoffnung zu haben, dass es weitergeht.[14]

71

AN EASTER PARADE FOR BERLIN

As fall transitioned into winter, then the new year, the rumble of engines and a steady stream of planes continued in the skies over Berlin in 1949. Against all odds, predictions, and seemingly insurmountable challenges, the Airlift persisted through the winter. Despite the foggiest winter in 80 years and freezing temperatures making for treacherous flying conditions, the aircrews continued to deliver. By doing so, they proved the Western Allies could sustain Berlin indefinitely.

Tonnage numbers continued to increase, and in February 1949, the arrival of the one-millionth ton of coal was celebrated in Berlin.

With his knack for milestones and his competitive spirit, Gen. Tunner challenged Airlift personnel to create a record-breaking "Easter Parade." On Easter Sunday 1949, aircrews met the challenge and, within a 24-hour period, landed 1,398 planes in Berlin, delivering 12,940 tons of supplies—well above Tunner's stated challenge of 10,000 tons (20 million pounds!) and the pinnacle of the operation.

The Easter Parade was a triumph, a testament to what can be achieved when nations rally together for a common cause, defying the odds and prevailing in the face of adversity.

EINE OSTERPARADE FÜR BERLIN

Als der Herbst in den Winter und dann in das neue Jahr überging, setzten sich das Dröhnen der Motoren und der stetige Strom von Flugzeugen am Himmel über Berlin im Jahr 1949 fort. Allen Widrigkeiten, Vorhersagen und scheinbar unüberwindbaren Herausforderungen zum Trotz hielt die Luftbrücke den Winter über an. Trotz des nebligsten Winters seit 80 Jahren und eisigen Temperaturen, die für gefährliche Flugbedingungen sorgten, setzten die Flugzeugbesatzungen ihre Lieferungen fort und bewiesen damit, dass die Westalliierten Berlin auf unbestimmte Zeit versorgen konnten.

Die Tonnagezahlen stiegen weiter an, und im Februar 1949 wurde in Berlin die Ankunft der einmillionsten Tonne Kohle gefeiert.

Mit seinem Gespür für Meilensteine und seinem Wettbewerbsgeist forderte Gen. Tunner das Luftbrückenpersonal heraus, eine „Osterparade" mit neuen Rekorden zu fliegen. Am Ostersonntag 1949 nahmen die Flugbesatzungen die Herausforderung an und landeten innerhalb von 24 Stunden 1.398 Flugzeuge in Berlin, die 12.940 Tonnen Nachschub anlieferten – weit über der von Tunner angegebenen Herausforderung von 10.000 Tonnen (9.070.000 Millionen kg!) und dem Höhepunkt der Operation.

Die Osterparade war ein Triumph, ein Beweis dafür, was erreicht werden kann, wenn Nationen sich für eine gemeinsame Sache zusammenschließen und sich gegen alle Widrigkeiten durchsetzen.

THE END OF THE BLOCKADE

Realizing that the Western Allies were not going to abandon Berlin, the Soviets lifted the blockade just after midnight on May 12, 1949 — 10 months and 16 days after it had begun. Electricity was restored. The roadblocks on the Autobahn were removed, and convoys of supply trucks poured into Berlin. Canals and railway routes into the western half of the city reopened. After almost 11 months of intense stand-off with the Soviet Union, the end of the blockade marked a pivotal moment of the Cold War.

However, the Western Allies decided to continue to supply essential goods to West Berlin by air in addition to the land routes to build up a sufficient supply of goods, despite the blockade's end.

Did you know?

The Americans conducted their final Airlift flight on Sep. 30, 1949, while the British concluded their last flight on Oct. 6, 1949.

DAS ENDE DER BLOCKADE

Als die Sowjets erkannten, dass die westlichen Alliierten Berlin nicht aufgeben würden, hoben sie die Blockade kurz nach Mitternacht am 12. Mai 1949 auf – 10 Monate und 16 Tage nach ihrem Beginn. Die Stromversorgung wurde wiederhergestellt. Die Straßensperren auf der Autobahn wurden aufgehoben, und Konvois von Versorgungsfahrzeugen strömten nach Berlin. Die Kanäle und Eisenbahnstrecken in den Westteil der Stadt wurden wieder geöffnet. Nach fast elf Monaten intensiver Konfrontation mit der Sowjetunion markierte das Ende der Blockade einen entscheidenden Moment des Kalten Krieges.

Trotz des Endes der Blockade beschlossen die Westalliierten jedoch, West-Berlin zusätzlich zu den Landwegen weiterhin auf dem Luftweg mit lebenswichtigen Gütern zu versorgen, um einen ausreichenden Vorrat aufzubauen.

Wussten Sie das?

Die Amerikaner machten ihren letzten Luftbrückenflug am 30. September 1949, während die Briten ihren letzten Flug am 6. Oktober 1949 durchführten.

ASTOUNDING NUMBERS

Despite what many believed to be impossible, the city of Berlin was supplied solely by air from June 28, 1948, until May 12, 1949. With airplanes landing and taking off day and night for nearly a year, often in challenging and treacherous flying conditions, the Berlin Airlift delivered!

As the heavy rumble of airplanes continued to fill the skies over Berlin in this challenging time, more goods were coming to Berlin by air during the Airlift than had come by land before the blockade! These remarkable numbers underscore the extraordinary determination and coordination involved—astounding figures, considering it seemed futile even to try!

What is impossible to measure, though, are the lives touched and saved and the course history might have taken had it not been for the men and women of the Berlin Airlift.

ERSTAUNLICHE ZAHLEN

Obwohl viele es für unmöglich gehalten hatten, wurde West-Berlin vom 28. Juni 1948 bis zum 12. Mai 1949 ausschließlich aus der Luft versorgt. Fast ein Jahr lang starteten und landeten die Flugzeuge – oft unter schwierigsten Flugbedingungen – Tag und Nacht, und die Luftbrücke hat das unmöglich Geglaubte möglich gemacht!

Mit dem lauten Dröhnen der Flugzeuge, das in dieser schweren Zeit immer vom Himmel über Berlin zu hören war, kamen während der Luftbrücke mehr Güter auf dem Luftweg nach Berlin als vor der Blockade auf dem Landweg! Diese bemerkenswerten Zahlen unterstreichen die außergewöhnliche Entschlossenheit und Koordination, die dabei zum Tragen kam – erstaunliche Zahlen, wenn man bedenkt, dass es aussichtslos schien, es überhaupt zu versuchen!

Was sich jedoch nicht messen lässt, sind die Menschenleben, die berührt und gerettet wurden, und der Verlauf, den die Geschichte genommen hätte, wäre es nicht für die Männer und Frauen der Berliner Luftbrücke gewesen.

BERLIN AIRLIFT
JUNE 28, 1948 - OCTOBER 6, 1949

2.34 million tons of supplies delivered to 2.5 million citizens

1 ton = 2,000 lbs / 900 kg

689 military and civilian aircraft used

A plane landed every 3 minutes

A new airport built in 3 months

Aircraft landing interval 90 seconds

277,000 flights to Berlin
554,000 flights round-trip

124.4 MILLION MILES (200,230,415 km) covered during the airlift.

"OPERATION LITTLE VITTLES" 250,000 parachutes 23 tons of candy for the children of Berlin.

The Airlift lasted 465 days

Easter Parade:
1,398 FLIGHTS → 12,940 TONS → 24 HOURS

CHANGING HEARTS
FROM THE SKY

The candy drops created a tangible connection between the children of Berlin and the pilots in the planes above. Growing up under Nazi indoctrination, many kids had been conditioned to fear and despise the Allies. But the planes that once symbolized danger now represented hope and excitement.

As the Airlift unfolded, the parachuted bundles of sweets became symbols of goodwill and friendship. These unexpected gifts from the sky served as a powerful catalyst for changing the hearts and minds of young and old alike.

The shared hardship and the resilience exhibited by both Berliners and the Western Allies in the face of the blockade bridged the divides. Mutual respect and understanding began to grow. Both sides were united in their determination to overcome adversity. The once-strained connections transformed into friendships built on common goals. Berliners and the Western Allies formed a strong bond that laid the foundation for the rebuilding of West Germany, West Berlin, and the broader stability of postwar Western Europe.

LUFTBRÜCKE
ZUR MENSCHLICHKEIT

Die Süßigkeitenabwürfe schufen eine spürbare Verbindung zwischen den Kindern in Berlin und den Piloten in den Flugzeugen über ihnen. Viele Kinder, mit Nazi-Indoktrination aufgewachsen, waren dazu erzogen, die Alliierten zu fürchten und zu verachten. Doch die Flugzeuge, die einst Gefahr symbolisierten, repräsentierten jetzt Hoffnung und Freude.

Im Laufe der Luftbrücke wurden die mit Fallschirmen abgeworfenen Süßigkeitenbündel zu Symbolen guten Willens und Freundschaft. Diese unerwarteten Geschenke aus dem Himmel dienten als mächtiger Katalysator, der die Herzen und Gedanken von Jung und Alt gleichermaßen veränderte.

Die gemeinsame Not und das Durchhaltevermögen, das sowohl die Berliner als auch die Westalliierten angesichts der Blockade an den Tag legten, überbrückten die ursprüngliche Kluft. Gegenseitiger Respekt und Verständnis begannen zu wachsen. Beide Seiten waren vereint in ihrer Entschlossenheit, die Widrigkeiten zu überwinden, und die einst angespannten Beziehungen verwandelten sich in Freundschaften, die auf gemeinsamen Zielen beruhten. Die Berliner und die Westalliierten bildeten eine starke Bindung, die den Grundstein für den Wiederaufbau Westdeutschlands, West-Berlins und der allgemeinen Stabilität Westeuropas in der Nachkriegszeit legte.

79

AIRLIFT MONUMENTS

Affectionately called the *"Hungerharken"* or "Hunger Forks," Airlift Memorial monuments in Berlin, Celle, and Frankfurt/Main commemorate the significant efforts and contributions made during the Berlin Airlift.

The three prongs represent the three air corridors used during the Airlift. The raised bronze band around the base names the people who died, and the inscription reads, *"They sacrificed their lives for the freedom of Berlin in service of the Airlift 1948/1949."*

These monuments serve as important historical markers, commemorating the spirit of unity, resilience, and cooperation that defined the Berlin Airlift and the era it represents.

DENKMÄLER DER LUFTBRÜCKE

Liebevoll „Hungerharken" genannt, erinnern Luftbrücken-Denkmäler in Berlin, Celle und Frankfurt am Main an die bedeutenden Leistungen und Beiträge, die während der Berliner Luftbrücke geleistet wurden.

Die drei Krallen repräsentieren die drei Luftkorridore, die während der Luftbrücke benutzt wurden. Das Bronzeband rund um den Sockel nennt die Namen der Verstorbenen, und die Inschrift lautet: *„Sie gaben ihr Leben für die Freiheit Berlins im Dienste der Luftbrücke 1948/1949"*.

Diese Denkmäler dienen als wichtige historische Wahrzeichen, die an den Geist der Einheit, Widerstandsfähigkeit und Zusammenarbeit erinnert, der die Berliner Luftbrücke und die Ära, die sie repräsentiert, geprägt hat.

81

FREEDOM BELL

"That this world under God shall have a new birth of freedom," reads the inscription of the "Freiheitsglocke" (Freedom Bell) at City Hall in Berlin-Schöneberg—a gift from the United States to the people of Berlin in the aftermath of the Airlift. The Bell was modeled after the "Liberty Bell," an icon of American independence in 1776, symbolizing the ideals of freedom and self-determination. Cast in England, the Bell traveled to the United States. During a "Crusade for Freedom" to 26 cities and several states, 16 million Americans signed a "Declaration of Freedom," which today is stored in a special document chamber in the bell tower just under the Bell.

Four hundred thousand people witnessed the Bell's inauguration on Oct. 24, 1950, by Gen. Lucius D. Clay at Rathaus Schöneberg, where John F. Kennedy in 1963 would proclaim, *"Ich bin ein Berliner! (I am a Berliner!)"*

Its daily chime at noon reverberates through time, reminding all of the value of freedom and democracy. The Declaration of Freedom and the ringing of the Bell are broadcast on *Deutschlandradio Kultur* every Sunday at noon.

FREIHEITSGLOCKE

„Dass diese Welt unter Gott eine neue Geburt der Freiheit haben soll", lautet die Inschrift der Freiheitsglocke im Rathaus in Berlin-Schöneberg – ein Geschenk der Vereinigten Staaten an die Berliner Bevölkerung nach der Luftbrücke. Die Glocke wurde nach der „Liberty Bell," einer Ikone der amerikanischen Unabhängigkeit von 1776, nachempfunden und symbolisiert die Ideale von Freiheit und Selbstbestimmung. Die Glocke wurde in England gegossen und reiste von dort in die Vereinigten Staaten. Während eines „Kreuzzuges für die Freiheit" durch 26 Städte in mehreren Bundesstaaten unterzeichneten 16 Millionen Amerikaner eine „Freiheitserklärung", die noch heute in einer speziellen Dokumentenkammer im Glockenturm direkt unter der Glocke aufbewahrt wird.

Vierhunderttausend Menschen erlebten die Einweihung der Glocke am 24. Oktober 1950 durch Gen. Lucius D. Clay im Rathaus Schöneberg, wo John F. Kennedy 1963 verkünden würde: *„Ich bin ein Berliner!"*

Ihr tägliches Läuten zur Mittagszeit hallt durch die Zeit und erinnert uns an den Wert von Freiheit und Demokratie. Die Freiheitserklärung und das Läuten der Glocke werden jeden Sonntag um 12 Uhr auf *Deutschlandradio Kultur* übertragen.

AIRLIFT LEGACY

This saga stands as a testament to the extraordinary accomplishments of the people of the Airlift 75 years ago.

In an era defined by globalization, the internet, and an overwhelming deluge of information, one might be tempted to disregard contemplation of the past as unproductive. However, a considerable number of the current existential challenges—encompassing political, economic, social, and environmental issues—may remain insurmountable without a foundational understanding of history.

The story of the city of Berlin, its citizens, and the Western Allies—and the unyielding courage they displayed—resonates through time, illuminating how unity can overcome even the darkest hours of history. Its legacy teaches us that in the face of division, it is possible to bridge gaps and transform enmity into friendship. It is a reminder that each of us can influence and shape the course of history for the better.

Thank you, Luftbrücke Frankfurt – Berlin 1948 - 1949 e.V., for letting us feature their 75th anniversary poster for this book.

DAS VERMÄCHTNIS DER LUFTBRÜCKE

Diese Geschichte ist ein Zeugnis für die außergewöhnlichen Leistungen der Menschen, die vor 75 Jahren an der Luftbrücke beteiligt waren - zum Zeitpunkt dieses Schreibens.

In einer Zeit, die von Globalisierung, dem Internet und einer überwältigenden Informationsflut geprägt ist, könnte man versucht sein, die Beschäftigung mit der Vergangenheit als unproduktiv abzutun. Allerdings könnten viele der aktuellen existenziellen Herausforderungen – einschließlich politischer, wirtschaftlicher, sozialer und ökologischer Fragen – ohne ein grundlegendes Verständnis der Geschichte unüberwindbar bleiben.

Die Geschichte dieser Stadt, ihrer Bürger und der westlichen Alliierten – und der unerschütterliche Mut, den sie an den Tag legten – hallt durch die Zeit und zeigt, wie Einigkeit selbst die dunkelsten Stunden der Geschichte überwinden kann. Sein Erbe lehrt uns, dass es möglich ist, Kluften zu überbrücken und Feindschaft in Freundschaft zu verwandeln. Es ist eine Erinnerung daran, dass jeder von uns den Lauf der Geschichte zum Besseren beeinflussen und gestalten kann.

Wir danken der Luftbrücke Frankfurt – Berlin 1948 - 1949 e.V., dass wir sein Plakat zum 75-jährigen Jubiläum für dieses Buch verwenden dürfen.

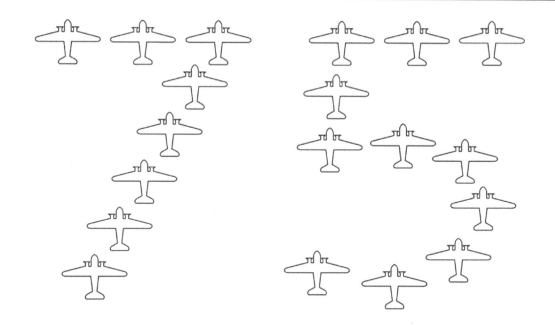

JAHRE
Berliner Luftbrücke
1948 - 1949

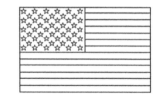
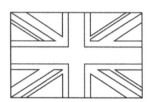

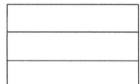

THANK YOU

I extend my heartfelt gratitude to the individuals and organizations whose support and collaboration helped me bring my vision for this book to life, allowing me to share this important story with the world.

The blockade of West Berlin ended on May 12, 1949. This was not just a victory for the Allied Forces, but a victory shared with all of the citizens of Berlin. These were citizens who braved the hardships, the hunger, and the cold. These were the citizens who toiled long hours unloading aircraft and making new runways. Berlin was no longer the defeated, demoralized capital of a vanquished foe. The new West Berlin was a city, emerged from the rubble, unified, and proud of its peoples' accomplishments. Berliners had earned their right to celebrate and stand among the free people of the world.

—National Museum of the United States Air Force.[15]

I would love to hear from you!
Please email me at
bibi@culturetocolor.com.
Bibi LeBlanc

VIELEN DANK

Ich danke von ganzem Herzen den Personen und Organisationen, deren Unterstützung und Zusammenarbeit mir geholfen haben, meine Vision für dieses Buch zu realisieren und es mir ermöglicht haben, diese wichtige Geschichte mit der Welt zu teilen.

Die Blockade von West-Berlin endete am 12. Mai 1949. Dies war nicht nur ein Sieg für die Alliierten, sondern ein Sieg, den alle Bürger Berlins teilten. Es waren Bürger, die den Entbehrungen, dem Hunger und der Kälte trotzten. Es waren die Bürger, die stundenlang schufteten, um Flugzeuge zu entladen und neue Landebahnen zu bauen. Berlin war nicht mehr die besiegte, demoralisierte Hauptstadt eines besiegten Feindes. Das neue West-Berlin war eine Stadt, die aus den Trümmern auferstanden ist, geeint und stolz auf die Errungenschaften ihrer Bürger. Die Berliner hatten sich ihr Recht verdient, zu feiern und zu den freien Völkern der Welt zu gehören.

– National Museum of the United States Air Force.[15]

Ich würde mich freuen,
von Ihnen zu hören!
Sie können mir schreiben an
bibi@culturetocolor.com.
Bibi LeBlanc

ABOUT THE AUTHOR

Bibi LeBlanc is an entrepreneur and world traveler with a passion for storytelling and creating community.

Born and raised in West Berlin during the Cold War, she received her education in business administration before embarking on a career as a flight attendant. She fell in love with the sport of skydiving and moved to the skydiving capital of the world in Florida, where she raised her three sons.

As the founder and CEO of Culture to Color®, she uses her experiences to create Explainer Coloring Books as marketing tools for businesses, organizations, and destinations, bringing the beauty and diversity of the world to new audiences. She is a #1 Amazon Bestseller and has won numerous book awards.

With her camera as her loyal companion, Bibi travels the world seeking out new experiences, people, and cultures, always eager to hear their stories and create connections, adding color to the world one story at a time.

ÜBER DIE AUTORIN

Bibi LeBlanc ist Unternehmerin und Weltenbummlerin mit einer Leidenschaft für das Erzählen von Geschichten und das Schaffen von Gemeinschaft.

Geboren und aufgewachsen in West-Berlin während des Kalten Krieges, absolvierte sie eine Ausbildung als Bürokauffrau, bevor sie eine Karriere als Flugbegleiterin einschlug. Sie verliebte sich in den Fallschirmsport und zog in die Welthauptstadt des Fallschirmsports nach Florida, wo sie ihre drei Söhne aufzog.

Als Gründerin und CEO von Culture to Color® nutzt sie ihre Erfahrungen, um Informations-Malbücher als Marketinginstrumente für Unternehmen, Organisationen und Reiseziele zu erstellen, die die Schönheit und Vielfalt der Welt einem neuen Publikum nahebringen. Sie ist ein #1 Amazon Bestseller und hat zahlreiche Buchpreise gewonnen.

Mit ihrer Kamera als treuer Begleiterin reist Bibi durch die Welt, um neue Menschen und Kulturen kennenzulernen, immer darauf bedacht, ihre Geschichten zu hören und der Welt Farbe zu verleihen, eine Geschichte nach der anderen.

RESOURCES | RESSOURCEN

1 *Der Tagesspiegel*, June 24, 1948

2 Goldstein, Edward, *Special to The Gazette*, July 2, 2023, updated July 6, 2023

3 Cited from Cherney, Andrei, *The Candy Bombers - The Untold Story of the Berlin Airlift and America's Finest Hour*. G. P. Putnam's Sons, New York, 2008

4 ibid

5 ibid

6 ibid

7 ibid

8 ibid

9 ibid

10 Cited from Dr. Zellhofer, *Kelkheimer Zeitung*, July 7, 2023

11 Goldstein, Edward, "Special Remembering the Epic Triumph of the Berlin Airlift". www.af.mil. Last Accessed: 9/24/2023.

12 Cited from Cherney, Andrei, *The Candy Bombers*

13 LeSueur, Larry, *CBS Berlin*, December 1948

14 Cited from *75 Years f the CARE Package®* (video), CARE International, 2021. Last Accessed 9/24/2023.

15 National Museum of the United States Air Force

BIBLIOGRAPHY | LITERATURVERZEICHNIS

Alliierten Museum. *Pioniere der Luftbrücke.* Berlin, Germany: NiSHEN 2018.

Brokaw, Tom. *Christmas from Heaven: The True Story of the Berlin Candy Bomber.* Shadow Mountain, 2013.

Cherney, Andrew. *The Candy Bombers: The Untold Story of the Berlin Airlift and America's Finest Hour.* New York, New York, USA: G. P. Putnam's Sons, 2008.

Davies, R. E. G. and Provan, John. *Berlin Airlift: The Effort and the Aircraft.* Mc Lean, Virginia, USA: Paladwr Press, 1998.

Mc Allister, Bruce. *Berlin Airlift: Air Bridge to Freedom.* Boulder, Colorado, USA: Roundup Press, 2015.

Milton, Giles. *Checkmate in Berlin: The Cold War Showdown That Shaped The Modern World.* New York, New York, USA: Holt, 2021.

Prell, Uwe. Militär in ziviler *Mission : Lucius D. Clay und die Luftbrücke.* Berlin, Germany: Elsengold Verlag, 2018.

Samuel, Wolfgang W. E. *Flights from Fassberg: How a German Town built for War became a Beacon of Peace.* USA: University Press of Mississippi, 2021.

Trotnow, Dr. Helmut and Kostka, Bernd von. *Making of … The Men and Women of the Berlin Airlift 1948/49. —Making of … Die Männer und Frauen der Berliner Luftbrücke 1948/49.* Berlin, Germany: Medialis 2018/19.

Raven, Margot Theis. *Mercedes and the Chocolate Pilot: A True Story of the Berlin Airlift and the Candy that dropped from the Sky.* Sleeping Bear Press, 2002.

ABOUT CULTURE TO COLOR®

For more information visit CultureToColor.com

Tag us with your colored pages #CultureToColor

Follow us on:

(f) facebook.com/CultureToColor

(o) instagram.com/Culture_To_Color

(in) linkedin.com/in/bibileblanc

Contact us

Bibi LeBlanc

cs@culturetocolor.com

386-309-2632

TITLES AVAILABLE IN THE CULTURE TO COLOR® BOOK SERIES

Milton Keynes UK
Ingram Content Group UK Ltd.
UKHW051151111223
434151UK00001B/1